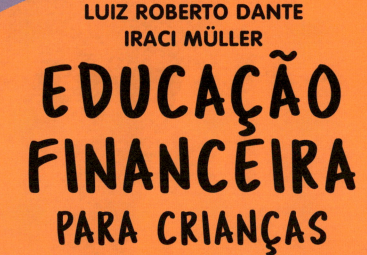

LUIZ ROBERTO DANTE
IRACI MÜLLER

EDUCAÇÃO FINANCEIRA PARA CRIANÇAS

2

editora ática
São Paulo – 2021

editora ática

Presidência: Mario Ghio Júnior
Vice-presidência de educação digital: Camila Montero Vaz Cardoso
Direção editorial: Lidiane Vivaldini Olo
Gerência de conteúdo e design educacional – Soluções completas: Viviane Carpegiani
Coordenação de núcleo e edição: Marcela Maris
Planejamento e controle de produção: Flávio Matuguma (ger.), Juliana Batista (coord.), Suelen Ramos (analista)
Revisão: Letícia Pieroni (coord.), Aline Cristina Vieira, Anna Clara Razvickas, Brenda T. M. Morais, Carla Bertinato, Daniela Lima, Danielle Modesto, Diego Carbone, Kátia S. Lopes Godoi, Lilian M. Kumai, Malvina Tomáz, Marília H. Lima, Paula Rubia Baltazar, Paula Teixeira, Raquel A. Taveira, Ricardo Miyake, Shirley Figueiredo Ayres, Tayra Alfonso e Thaise Rodrigues
Arte: Fernanda Costa da Silva (ger.), Catherine Saori Ishihara (coord.), Claudemir C. Barbosa (edição de arte)
Diagramação: R2 Editorial
Iconografia e tratamento de imagem: Roberta Bento (ger.), Claudia Bertolazzi (coord.), Lucas Maia Campos (pesquisa iconográfica) e Fernanda Crevin (tratamento de imagens)
Licenciamento de conteúdos de terceiros: Roberta Bento (ger.), Jenis Oh (coord.), Liliane Rodrigues, Raísa Maris Reina e Sueli Ferreira (analistas de licenciamento)
Ilustrações: Giz de Cera Studio
Cartografia: Eric Fuzii (coord.) e Robson Rosendo da Rocha
Design: Erik Taketa (coord.) Thatiana Kalaes (Miolo e capa), Gustavo Vanini (adap.)
Foto de capa: Eakachai Leesin/Shutterstock

Todos os direitos reservados por Somos Sistemas de Ensino S.A.
Avenida Paulista, 901, 6º andar – Bela Vista
São Paulo – SP – CEP 01310-200
http://www.somoseducacao.com.br

Dados Internacionais de Catalogação na Publicação (CIP)

```
Dante, Luiz Roberto
    Educação financeira para crianças 2 / Luiz Roberto Dante,
Iraci Müller. -- 2. ed. -- São Paulo : Ática, 2021.

    ISBN 978-85-0819-617-3 (livro do aluno)
    ISBN 978-85-0819-618-0 (livro do professor)

    1. Educação financeira 2. Crianças - Finanças pessoais I.
Título II. Müller, Iraci

20-2191                                       CDD 332.024
```

Angélica Ilacqua – Bibliotecária – CRB-8/7057

2023
1ª edição
8ª impressão
De acordo com a BNCC.

Impressão e acabamento: EGB Editora Gráfica Bernardi Ltda.

Uma publicação

APRESENTAÇÃO

Como surgiu o dinheiro? Qual é o valor das coisas? Será que podemos ter tudo o que queremos?

Este livro foi escrito para mostrar que desde pequenos podemos e devemos ser responsáveis e cuidar de nossas coisas, de nosso material escolar, de nossas roupas, da natureza, evitando desperdícios em casa e em todos os lugares por onde passamos.

Acompanhe os personagens Joca, Sofia, Luca, Nina, Ana e Pedro em suas aventuras, descobertas e eventos. Leia com atenção as orientações dos professores Flora e Carlos, aprenda a distinguir o que é necessário e o que é supérfluo e ajude as crianças a resolver as atividades para que elas, e você também, construam conhecimento e cumpram o papel de cidadão.

Esperamos que você goste da história e aproveite bastante esta experiência.

Boas descobertas!

Um grande abraço do Dante e da Iraci.

SUMÁRIO

- **5** — Introdução
- **6** — 1º Capítulo: Conhecendo mais a história do dinheiro
- **14** — 2º Capítulo: O dinheiro no dia a dia
- **20** — 3º Capítulo: Sonhar e realizar
- **26** — 4º Capítulo: Conhecendo algumas profissões
- **30** — 5º Capítulo: Consumo e consumismo
- **37** — Brincando também se aprende
- **40** — Encerrando a apresentação da peça
- **41** — Material Complementar

INTRODUÇÃO

**Você já ouviu falar em teatro interativo?
E em teatro participativo?**

Temos o prazer de convidar você, seus colegas e sua família para a grande festa de inauguração do **TEATRO INTERATIVO DA ESCOLA**.

Os personagens principais da peça de estreia são Joca e Sofia. Também fazem parte do elenco Luca, Nina, Ana e Pedro, todos sempre supervisionados pelos professores Flora e Carlos. A peça escolhida abordará muitas situações que envolvem o dinheiro no Brasil, falará de sonhos que podemos realizar, apresentará algumas profissões e discutirá como preservar a natureza evitando o consumismo (consumo exagerado). Será possível acompanhar também os ensaios e os intervalos.

Esse teatro é especial porque durante a apresentação os atores interagem com o público. Aqui, você também poderá participar realizando as atividades propostas no livro.

Estão todos bem preparados para a estreia, e é grande a expectativa do público. Pegue seu ingresso, entre no salão e prepare-se, porque o espetáculo vai começar!

1º CAPÍTULO – CONHECENDO MAIS A HISTÓRIA DO DINHEIRO

A cortina do palco se abre ao som de uma música. Joca, Sofia e seus amigos representarão uma peça que conta a história do dinheiro, desde a época em que ele não tinha a forma de moeda ou cédula de papel (nota), como hoje em dia.

Acompanhe o primeiro capítulo, que é o primeiro ato da peça, e depois resolva algumas atividades, para que as crianças possam continuar encenando.

A HISTÓRIA DO DINHEIRO

Antes de existir o dinheiro como conhecemos, eram realizadas trocas de produtos (objetos, animais, grãos, etc.).

Escolhemos aquilo que tem mais valor para nosso grupo.

Com o tempo, alguns metais, como o ouro e a prata, passaram a ser usados como dinheiro.

AV/prophoto/Shutterstock

Ivelin Radkov/Shutterstock

Coleção particular/Photo © Boltin Picture Library/Bridgeman Images/Easypix

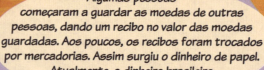

Algumas pessoas começaram a guardar as moedas de outras pessoas, dando um recibo no valor das moedas guardadas. Aos poucos, os recibos foram trocados por mercadorias. Assim surgiu o dinheiro de papel. Atualmente, o dinheiro brasileiro chama-se real.

Atividade 1 — Reconhecendo as moedas e as cédulas

Na bilheteria do teatro, o público compra o ingresso usando as moedas e as cédulas (ou notas) brasileiras. José está na fila da bilheteria mostrando ao filho Vicente os valores das cédulas e das moedas.

a. Ligue cada moeda e cada cédula do real a seu valor.

cinquenta centavos   um real   vinte e cinco centavos   cinco centavos   um centavo   dez centavos

vinte reais   dez reais   duzentos reais   cem reais   cinco reais   cinquenta reais   dois reais

b. Contorne a imagem da moeda de maior valor.

c. Faça um **X** ao lado da imagem da moeda de menor valor.

d. Contorne a imagem da cédula de maior valor.

e. Faça um **X** ao lado da imagem da cédula de menor valor.

Atividade 2 — Contando as moedas

Para dar o troco a José, o bilheteiro contou as moedas iniciando na de maior valor para a de menor valor.

50   75   85   95   Total: 95 centavos

> Agora é a sua vez. Para ajudar na contagem, destaque e use o dinheiro de brincadeira da página 41.

a. Conte e escreva os valores parciais e o valor total em cada caso.

_____ _____ _____ Total: _____ centavos

_____ _____ _____ _____ _____ Total: _____ centavos

b. Responda escrevendo SIM ou NÃO no quadrinho: Duas moedas de 25 centavos têm o mesmo valor de uma moeda de 50 centavos?

c. De quantas moedas de 10 centavos precisamos para ter o mesmo valor de uma moeda de 50 centavos?
_____ moedas de 10 centavos.

Atividade 3 — Situações para pensar e resolver

1 Pense e resolva. Para ajudar, utilize as moedas disponíveis na página 41.

a. Vicente contou suas moedas: 25 → 50 → 75 → 85 → 90.
Desenhe as moedas de Vicente, da de maior valor para a de menor valor.

b. Betina contou todas as suas moedas de 25 em 25 centavos e obteve 75 centavos. Quantas moedas ela tem? _____ moedas.

c. Antonela tem quatro moedas. A quantia total que ela tem é de 95 centavos. Desenhe as moedas que Antonela pode ter.

2 Em uma caixinha há moedas apenas de 10 centavos e de 25 centavos. Sem olhar, Angelina vai pegar três moedas dessa caixinha.

a. Qual é o maior valor que Angelina pode pegar? _____   **b.** Qual é o menor valor que Angelina pode pegar? _____

3 Como João poderá pagar por uma caneta de 90 centavos sem sobrar dinheiro? Desenhe as moedas que ele poderá usar.

Atividade 4 — Um real

Um real

100 centavos ou R$ 1,00

↑ Símbolo do real   ↑ Vírgula que separa os reais dos centavos

Exemplos:

100 centavos ou R$ 1,00

125 centavos ou R$ 1,25

> Agora é com você. Escreva a quantia em cada caso.

a.

_____ centavos ou R$ _____

b.

_____ ou _____

c.

_____ ou _____

Atividade 5 — Situações para pensar e resolver

1 Pense e resolva.

a. Ivo contou suas moedas e viu que tinha R$ 1,00. Desenhe as moedas que Ivo pode ter.

b. Gui tem duas moedas de 25 centavos e seis moedas de 10 centavos. Ele tem mais do que R$ 1,00 ou menos do que R$ 1,00? _____

Desenhe as moedas de Gui, some os valores e confira sua resposta.

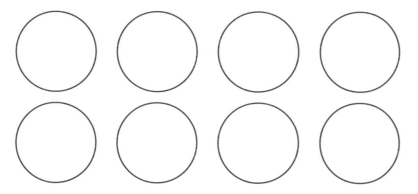

2 Em uma caixinha há cinco moedas de 1 real, cinco de 50 centavos, cinco de 25 centavos e cinco de 10 centavos. Joca pede a Pedro que pegue quatro moedas da caixinha, sem olhar.

a. Qual é o maior valor que Pedro pode pegar?

_____

b. Qual é o menor valor que Pedro pode pegar?

_____

3 Sofia guardou na bolsa R$ 1,45 em moedas. Sabendo que Sofia tinha moedas de 1 real, de 25 centavos e de 10 centavos, desenhe as moedas que ela guardou.

Atividade 6 — Contando as cédulas

O professor Carlos propôs fazer a contagem de cédulas do real. Ana resolveu começar a contar da cédula de maior valor para a de menor valor. Veja:

50 → 70 → 80 → 90

Vamos agora fazer a contagem de cédulas do real.

Vou começar com a cédula de maior valor.

O valor total acima é 90 reais (R$ 90,00).

a. Faça a contagem das cédulas como Ana fez, registrando os valores parciais. Depois, registre o total.

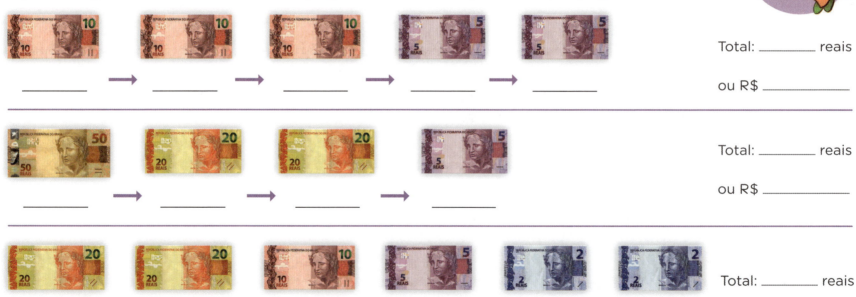

Total: _____ reais

ou R$ _____

Total: _____ reais

ou R$ _____

Total: _____ reais

ou R$ _____

b. Na sua opinião, é melhor começar a contar da cédula de maior valor? Por quê? Explique a um colega.

Atividade 7 — Situações para pensar e completar

1  *Pense e complete as frases.*

a. O dinheiro brasileiro possui _____ valores diferentes de cédulas.

b. Para formar 100 reais precisamos de _____ cédulas de 50 reais.

c. Posso trocar uma cédula de 20 reais por _____ cédulas de 5 reais.

d. Tenho no bolso cinco cédulas de R$ 2,00. Eu tenho R$ _____ no bolso.

e. Vicente retirou da carteira três cédulas de 20 reais. Ele retirou _____ reais da carteira.

f. Angelina recebeu de troco quatro cédulas de 5 reais. Ela recebeu _____ reais de troco.

2 Júlia pensou em uma cédula cujo valor:

- é menor do que 50 reais;
- é maior do que 2 reais;
- é formado por dois algarismos;
- é diferente de 20 reais.

> Contorne a imagem da cédula em que Júlia pensou:

Cédulas desta página: Casa da Moeda do Brasil/Ministério da Fazenda.

O QUE ESTUDAMOS

Responda no caderno:

- O que você mais gostou de aprender neste capítulo?
- Você achou alguma atividade difícil de resolver? Tirou suas dúvidas com o professor?
- Você já assistiu a uma peça de teatro ou participou de alguma encenação? Se sim, compartilhe com os colegas como foi.
- Você já viu a cédula de 200 reais pessoalmente? Sabe quando ela foi lançada?

2º CAPÍTULO — O DINHEIRO NO DIA A DIA

Joca, Sofia e seus amigos ensaiaram bastante e estão prontos para encenar sobre o valor do dinheiro em algumas situações do cotidiano e as negociações que podemos fazer utilizando o dinheiro. Eles mostrarão também a relação que existe entre as moedas e as cédulas e o que podemos comprar com elas. Observe as cenas e depois ajude os atores resolvendo as atividades.

A cortina se abre e o espetáculo começa.

Atividade 1 — Trocando dinheiro

Mário trabalha na bilheteria do teatro e é muito atento aos valores das notas recebidas e ao valor do troco. No intervalo do ensaio da peça, ele mostrou a Joca alguns valores possíveis para o troco conforme a nota que o cliente entregasse. Preencha o quadro considerando a compra de um ingresso que custa R$ 20,00.

Valor pago	Troco
20	0
50	
100	
200	

> Agora, forme dupla com um colega e preencham a tabela com todas as maneiras possíveis de pagamento de dois ingressos utilizando apenas notas de 20 reais, de 10 reais e de 5 reais. Para ajudar, utilize o dinheiro destacado da página 41.

Notas de 20 reais	Notas de 10 reais	Notas de 5 reais

São _____ possibilidades de compra.

Atividade 2 — Brincar de comprar e vender

Você já fez compras? Já acompanhou algum adulto no supermercado, em uma loja ou na padaria? Veja ao lado como Joca, Sofia e seus amigos estão encenando compras e vendas em um mercadinho.

> Que tal brincar de fazer compras e vendas? Vamos montar um mercadinho na sala de aula. Utilize o dinheiro de brincadeira e simule venda e compra de produtos de um mercado.

Atividade 3 — Fazendo compras

A escola comprou alguns objetos para a montagem da peça teatral. Observe os preços dos objetos e as quantias nos quadros.

> Ligue cada quantia ao preço correspondente.

 R$ 29,70

 R$ 18,40

 R$ 13,90

 R$ 9,80

Atividade 4 — Prestação de serviços

Para fazer a cortina do palco do teatro, era preciso contratar uma costureira. O professor Carlos explicou às crianças que, antes de encomendar esse trabalho, era muito importante fazer o orçamento do serviço em pelo menos dois lugares. Assim, saberiam com detalhes os custos do serviço e do material necessário para fecharem a compra com melhor preço.

> Observe dois orçamentos para a confecção da cortina do palco. Os trabalhos das duas costureiras consultadas têm a mesma qualidade e são feitos com o mesmo material.

a. Adicione os valores e escreva o total de cada orçamento.

COSTUREIRA 1
Tecido   R$ 30,00
Linha   R$ 5,00
Argolas   R$ 15,00
Mão de obra   R$ 50,00
_____
TOTAL   R$ _____

COSTUREIRA 2
Tecido   R$ 35,00
Linha   R$ 5,00
Argolas   R$ 10,00
Mão de obra   R$ 40,00
_____
TOTAL   R$ _____

b. Compare os dois orçamentos e indique a opção mais barata: _____

Atividade 5 — O dinheiro no lazer

Durante o intervalo da peça, Joca e Sofia foram comer algo na lanchonete. Perceberam que algumas pessoas da fila estavam falando sobre o tipo de lazer de que elas mais gostavam.

> Das atividades relacionadas abaixo, indique quais você costuma praticar como lazer, para se divertir, descontrair ou relaxar.

- praticar natação
- ir ao teatro
- assistir à TV
- ir ao cinema
- viajar
- andar de bicicleta
- outra: _____

Atividade 6 — Jogo das compras

No segundo ato, os atores propõem um jogo para o público e explicam as regras.

Número de participantes: 3

Material: um clipe e um lápis

> Cada jogador escreve seu nome no quadro de pontuação abaixo e sorteia-se quem vai iniciar o jogo.

> Em cada rodada, com a ajuda do professor, o jogador coloca o clipe e o lápis no centro da 1ª roleta e gira o clipe ao redor do lápis. A região que ele apontar indicará quantos reais o jogador tem.

> Em seguida, o jogador faz o mesmo na 2ª roleta, para saber o que vai comprar e seu preço.

> O jogador calcula quanto de dinheiro sobrará depois da compra. Essa quantia indica quantos quadrinhos ele deve marcar no quadro de pontuação (um **X** para cada real).

As rodadas se repetem. Vence o jogo quem completar todos os seus quadrinhos primeiro.

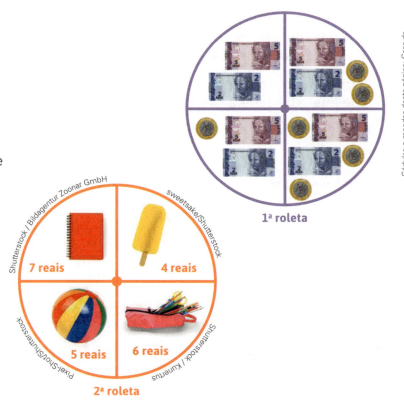

1ª roleta

2ª roleta

7 reais | 4 reais | 5 reais | 6 reais

QUADRO DE PONTUAÇÃO

Nomes	Pontos									

Vencedor: _____

PARA REFLETIR – O TROCO DO LANCHE

Leia a história a seguir.

Pedro estava na escola e, de repente, sentiu muita fome. Quando o sinal do recreio soou, foi rapidamente até a cantina e pediu um lanche de R$ 4,00. Depois, deu à moça do caixa uma nota de R$ 5,00 para pagá-lo.

O menino já estava se afastando da cantina quando percebeu que, em vez de R$ 1,00, a moça havia lhe dado R$ 2,00 de troco.

Converse com o professor e os colegas sobre estas questões:

- Qual seria a melhor atitude que Pedro deveria tomar diante dessa situação? E o que não deveria fazer?
- E se você recebesse troco a mais, o que faria?

O QUE ESTUDAMOS

Responda no caderno:
- De qual atividade você mais gostou neste capítulo?
- Qual atividade você teve mais dificuldade de resolver?
- Você já fez alguma compra utilizando dinheiro? Em que tipo de loja (mercado, loja de brinquedos, padaria, etc.) foi a compra?
- Pergunte a seus pais ou responsáveis se eles já fizeram orçamento em mais de um local para decidir por um serviço.

3º CAPÍTULO — SONHAR E REALIZAR

Que bom ver você aqui de novo! Agora as crianças encenarão a história de uma família que busca alcançar objetivos e realizar sonhos. Será que sua família também é assim? Acompanhe e depois ajude a turma a resolver algumas atividades.

Atividade 1 — Todo sonho precisa de dinheiro para ser conquistado?

Alguns objetivos podem ser conquistados com dinheiro e outros não precisam de dinheiro para se realizarem. Por exemplo, a amizade é muito importante, e não dá para comprar amigos com dinheiro.

O amor da família, o respeito, a educação, o afeto pelas pessoas e pelos animais são **sentimentos** e **valores** que não podem ser comprados. Também não podemos medir o valor de uma pessoa pela quantidade de dinheiro que ela tem.

> Escreva dois objetivos que você tem que não precisam de dinheiro para se realizarem:

_____

_____

Atividade 2 — Recorte e colagem

> Reúna-se com três colegas. Procurem em revistas e recortem imagens de sonhos que podem ser comprados e imagens que representem sonhos que não precisam de dinheiro para se realizarem.

Com a ajuda dos colegas e do professor, montem um mural e colem as imagens coletadas, dividindo-as nesses dois grupos.

Atividade 3 — Planejar a realização de um sonho

O sonho do avô de Pedro era assistir à estreia da peça do neto no teatro da escola; porém, ele foi hospitalizado e está muito chateado porque não vai poder ir. Pedro planejou um jeito de realizar o sonho do avô.

> O que você faria para realizar o sonho do avô de Pedro?
> Troque ideias com os colegas.

Eu fiz assim: descobri qual era o sonho do meu avô, pensei em como realizá-lo e pedi a ajuda dos meus pais para cumprir todas as etapas.

Atividade 4 — Vamos poupar?

Durante a peça, os alunos perguntaram para o público sobre poupar dinheiro.

a. Você tem um cofrinho? Se sim, desenhe no caderno como ele é e compartilhe com os colegas.

b. Leia os versinhos abaixo em voz alta com os colegas.

Lembre-se: o cofrinho estimula a poupar, mas é importante fazer as moedas circularem. Quando o cofrinho estiver cheio, troque as moedas por cédulas.

Poupando no cofrinho,
ele fica bem cheinho
e as moedas que eu guardar
no futuro posso usar.

Joca, Sofia e seus amigos entram em cena trazendo um cartaz com um recado muito importante:

Atividade 5 — Comparando preços

A professora Flora levou Sofia, Ana e Nina para fazer uma pesquisa de preços. Elas precisavam comprar tinta para pintar o cenário.

Flora explicou que, na comparação de preços, é importante verificar se o produto tem a mesma qualidade e a mesma quantidade.

Elas descobriram a **mesma** tinta em três lojas.

> Veja ao lado o resultado da pesquisa e depois faça o que se pede.

a. Contorne o nome da loja em que a tinta está mais barata.

b. Se você comprasse na LOJA **C**, quanto pagaria a mais do que na LOJA **B**?

_____

c. Se você comprasse na LOJA **A**, quanto pagaria a mais do que na LOJA **B**?

_____

Atividade 6 — Pesquisando preços

Para a encenação da peça, a turma também precisou confeccionar vários cartazes. Joca, Pedro, Luca e o professor Carlos foram comprar o material. Antes, eles fizeram uma pesquisa de preços em duas papelarias, tomando o cuidado de comparar produtos realmente iguais, de mesma qualidade. Assim puderam saber onde era mais barato comprar.

> Veja o resultado da pesquisa e responda às questões.

a. Complete com o valor total de cada papelaria.

PAPELARIA A		PAPELARIA B	
Caneta hidrográfica de 10 cores	R$ 39,00	Caneta hidrográfica de 10 cores	R$ 40,00
Pistola de cola quente	R$ 16,00	Pistola de cola quente	R$ 15,00
Pincel atômico	R$ 5,00	Pincel atômico	R$ 6,00
Giz de cera de 12 cores	R$ 10,00	Giz de cera de 12 cores	R$ 12,00
TOTAL	R$ _____	TOTAL	R$ _____

b. Em qual dessas papelarias você acha que a turma comprou o material?

_____

c. Explique o porquê para um colega.

PARA REFLETIR — AS MESADAS DAS DUAS IRMÃS

Leia a história a seguir.

Carol e Bel são irmãs. Todos os meses, as duas ganham uma mesada de seus pais.

Carol gosta muito de ler. Assim que recebe o dinheiro, compra um livro e guarda o restante em seu cofrinho. Quando Bel recebe a mesada, gasta tudo com doces e não guarda. Bel pediu dinheiro emprestado a Carol, prometendo pagar com a próxima mesada. Mas no mês seguinte Bel gastou tudo que ganhou, não conseguindo devolver o dinheiro para a irmã.

Converse com o professor e os colegas sobre estas questões:

- Você acha correta a atitude de Bel? E a de Carol?
- Na sua opinião, qual seria a melhor atitude que Bel poderia tomar? E Carol?
- E o que elas não deveriam fazer?

O QUE ESTUDAMOS

Responda no caderno:

- Neste capítulo, nas atividades de conversa com os colegas, você prestou atenção no que eles falavam?
- Você tem um objetivo ou um sonho? Se sim, qual?
- Você tem o costume de guardar dinheiro? Se sim, onde guarda?

4º CAPÍTULO — CONHECENDO ALGUMAS PROFISSÕES

Joca ficou muito interessado em saber o que podia fazer para realizar seus sonhos. Nos ensaios da peça, ele perguntou ao professor Carlos o que as pessoas fazem para ter dinheiro e como conseguem guardá-lo para realizar seus sonhos.

O professor Carlos falou que algumas pessoas trabalham e recebem remuneração, outros recebem bolsa de estudos, outros administram herança de família, algumas guardam dinheiro em bancos e recebem juros.

Todos gostaram do tema do trabalho e concordaram em abordá-lo na peça. Vamos assistir!

Com o trabalho, as pessoas recebem uma remuneração em dinheiro, podem pagar contas e comprar produtos, além de ajudar outras pessoas.

Jogador de futebol
Escritora
Costureira
Carteiro
Médico
Cantora

Há várias profissões para as pessoas exercerem e, com isso, ganharem dinheiro.

TODOS OS TRABALHOS SÃO MUITO IMPORTANTES!

Em casa é preciso comprar alimentos, material escolar e de higiene, pagar as contas, etc. E tudo isso custa dinheiro.

De onde vem esse dinheiro? Em algumas famílias, uma pessoa trabalha para ganhar uma remuneração e a outra cuida das tarefas de casa.

Os dois trabalhos são igualmente importantes e necessários.

Atividade 1 — O trabalho dos familiares

Durante a peça, os alunos perguntaram para a plateia sobre profissões.

a. Pergunte a uma pessoa que mora com você qual é a profissão dela. Converse com essa pessoa sobre o trabalho que ela faz.

b. Em uma folha, cole recortes de revistas ou desenhe elementos que lembrem a profissão dessa pessoa.

Atividade 2 — O que quero ser quando crescer?

> Você já sabe qual profissão gostaria de ter quando crescer? Com o que gostaria de trabalhar? Faça um desenho no caderno representando essa profissão.

Atividade 3 — Outras profissões

> Ligue cada imagem relacionada a uma profissão ao seu instrumento de trabalho.

pedreiro — padeiro — bombeiro — enfermeira — professora — engenheiro — médico — cozinheiro

Atividade 4 — A criança também pode ajudar com o dinheiro de casa

 > Fácil, não é? O que você faz para ajudar a economizar o dinheiro de sua casa? Converse com os colegas e o professor sobre esse assunto.

PARA REFLETIR – NO RASTRO DE THEO

Leia a história a seguir.

Vítor, o pai de Theo, acordou cedinho para fazer as atividades domésticas da casa, como arrumar, aspirar, limpar, lavar e passar roupas.

Theo chegou da escola e foi largando tudo pelo caminho: o tênis, o agasalho e a mochila. E ainda jogou no chão os papéis de bala que tinha no bolso da calça.

Converse com o professor e os colegas sobre estas questões:

- Você acha correta a atitude de Theo?
- Qual seria a melhor atitude que Vítor poderia tomar diante dessa situação?
- O que Theo não deveria fazer? E o pai dele?

O QUE ESTUDAMOS

Responda no caderno:
- De qual atividade você mais gostou neste capítulo?
- Você faz algo para economizar dinheiro em casa?
- Qual é a profissão dos seus pais ou responsáveis?
- Você ajuda nas tarefas de casa?

5º CAPÍTULO – CONSUMO E CONSUMISMO

Na elaboração da peça teatral e durante os ensaios, as crianças queriam saber mais sobre como ajudar a preservar a natureza e aproveitar melhor os seus recursos, sem desperdícios.

Por isso, no quinto ato da peça, a turma decidiu abordar o consumo exagerado e os cuidados com o nosso planeta. Acompanhe e depois participe das atividades.

Por que algumas pessoas compram algo sem necessidade ou que já possuem bastante?

Que cuidados devemos ter na hora de consumir?

Consumir é só comprar? Ou podemos cuidar do consumo também em outras situações, mesmo quando não estamos comprando?

CONSUMO
A pessoa adquire um produto.

CONSUMISMO
A pessoa adquire uma quantidade exagerada de produtos supérfluos, sem utilidade.

O público se interessou bastante pelo que as crianças mostravam no palco e citava exemplos de atitudes que mostram o consumo consciente de alimentos:

- Adquirir alimentos de época, porque são mais baratos.
- Não comprar alimentos em excesso, para não estragarem e serem jogados fora.
- Comer de tudo um pouco, dando preferência à comida caseira.
- Reaproveitar os alimentos.

Atividade 1 — Evitando o desperdício de alimentos

Enquanto Joca conversava com o público sobre desperdício de alimentos, ele ia mostrando algumas imagens.

> Agora é a sua vez! Converse com um colega e escreva sobre o desperdício de alimentos que vocês observam nas fotos abaixo.

_____   _____   _____

_____   _____   _____

_____   _____   _____

_____   _____   _____

Atividade 2 — Pesquisa

> Pesquise na internet ou com familiares o significado da expressão **alimentos de época** e registre:

_____

_____

Atividade 3 — Como preservar a água da natureza

Com o incentivo de Sofia, o público citava exemplos da utilidade da água: ela serve para beber, lavar roupas, cozinhar alimentos, limpar a casa, tomar banho, escovar os dentes, molhar as plantas, etc.

De repente, Nina perguntou: — É possível vivermos sem água?

1 O que você acha? Se precisamos da água para viver, como podemos cuidar para que ela não acabe? Converse com os colegas e o professor.

2 Marque um **X** nas ilustrações que mostram como economizar água.

3 Além de economizar água, é muito importante aprender a reutilizá-la. Assim, gastamos menos **água potável**, que é a água própria para o consumo.

Leia as frases e complete com letras, adequadamente, cada ☐ :

a. A água pode ser captada da [C][H][ ][V][ ] em baldes ou galões e ser aproveitada para lavar calçadas, lavar o carro e molhar as plantas.

b. A [Á][ ][ ][ ] que foi utilizada para lavar a roupa pode ser reaproveitada para lavar o chão e ser usada no [ ][ ][S][ ] sanitário.

c. Preservando a água, podemos ajudar na economia de nossa [ ][A][S][ ] .

Atividade 4 — Como economizar energia elétrica?

> Assinale com um **X** as ilustrações que mostram desperdício de energia elétrica.

Atividade 5 — Vamos pesquisar?

Agora vamos fazer uma pesquisa com familiares sobre o consumo de energia elétrica, água e gás.

a. Divida uma folha de papel sulfite em três partes, como mostra o desenho ao lado.

b. Pergunte a seus familiares quais objetos ou aparelhos são utilizados em sua casa e em qual conta o consumo é cobrado: na conta de energia elétrica, de água ou de gás.

c. Recorte de revistas imagens de objetos ou aparelhos e cole-os na folha de acordo com a conta de consumo. Você também pode desenhá-los.

Atividade 6 — Doar também é importante

Durante a peça, as crianças promoveram uma campanha de doação. Joca comentou com o público que a doação também faz parte de uma educação financeira responsável.

Depois, ele convidou a todos para um bate-papo. Vamos participar também!

a. Pesquise e depois comente com os colegas e o professor se em sua casa existem roupas, calçados e outros objetos que não são utilizados há bastante tempo.

b. Descubra por qual motivo estão sem uso: o objeto está quebrado? As roupas e os calçados não servem mais ou o dono deles não tem mais vontade de vesti-los?

c. Você tem brinquedos com os quais não brinca mais?

d. O que podemos fazer com os objetos que não queremos mais em casa?

Atividade 7 — Desenhar histórias

Joca propôs ao público uma atividade bem legal: fazer um desenho sobre o que cada um mais gostou no quinto ato da peça.

As pessoas ficaram empolgadas. Sofia distribuiu lápis coloridos, e todos começaram a desenhar nas cartolinas espalhadas pelo teatro.

> Aceite a proposta de Joca e faça um desenho sobre o que você mais gostou neste capítulo. Deixe tudo bem colorido.

O QUE ESTUDAMOS

Responda no caderno:
- Por que precisamos utilizar água e energia elétrica sem desperdícios?
- Você costuma desperdiçar alimentos? Por quê?
- Por que fazer doações é importante? Você já doou alguma roupa ou brinquedo seu?
- Faça um desenho sobre o que você mais gostou de aprender neste livro.

BRINCANDO TAMBÉM SE APRENDE

A apresentação da peça está quase no final. Joca, Sofia e seus amigos precisam resolver apenas algumas atividades. Vamos ajudá-los?

1 Complete a cruzadinha:

(1) Usamos para comprar produtos.

(2) Temos uma quando não pagamos algo.

(3) O mesmo significado de **pesquisar**.

(4) O mesmo significado de **poupar**.

(5) Valor máximo de uma moeda, em real.

(6) Valor mínimo de uma nota, em real.

2 Leia bem depressa este trava-língua e depois resolva a situação.

> Três tigres tristes compraram
> três tigelas de trigo
> de um trigal de três tribos de índios
> e pagaram três reais cada tigela.

> Quanto os três tigres gastaram ao todo?

R$ _____

37

3 Jogo das profissões

Número de participantes: 3   Material: 2 dados e 1 lápis

Inicialmente, todos os alunos da classe analisam os quadros e identificam em cada um a profissão, o profissional e se sua função está mais ligada à área de SAÚDE, ALIMENTAÇÃO, EDUCAÇÃO, LAZER, LIMPEZA PÚBLICA ou SEGURANÇA.

Cada participante lança os dois dados e verifica se os dois valores obtidos aparecem em um mesmo quadro dos profissionais. Em caso positivo, ele identifica a profissão do quadro e marca X, XX ou XXX, de acordo com a legenda ao lado. Se os dois valores não aparecem em um mesmo quadro, o jogador passa a vez. Ganha o jogo quem conseguir 9 marcas primeiro.

LEGENDA

X	SAÚDE OU ALIMENTAÇÃO
XX	EDUCAÇÃO OU LAZER
XXX	LIMPEZA PÚBLICA OU SEGURANÇA

Quadro de profissionais

Quadro de pontuação

Nomes	Marcas

Vencedor: _____

4 Descubra um padrão e continue escrevendo de acordo com ele:

Planejar, economizar, comprar, planejar, economizar, comprar, planejar, economizar, comprar,

_____ , _____ , _____ .

5 Hora da adivinha:

a. O que é, o que é?

Estou muito chateada de ficar por último no poupar, no economizar, no pesquisar, no planejar e no trabalhar.

Eu sou _____ .

b. Quem sou eu? Sou uma destas notas. Meu valor é maior do que R$ 2,00. Apareço dentro de um triângulo. Meu valor é menor do que R$ 50,00.

Eu sou a nota de _____ .

ENCERRANDO A APRESENTAÇÃO DA PEÇA

As palmas ecoam no teatro, marcando o encerramento da peça. A plateia está vibrando de pé, pois reconhece que as informações repassadas poderão ser aplicadas em seu dia a dia. Todos colaboraram bastante para o sucesso da apresentação.

> Estamos muito contentes com tudo o que aprendemos e apresentamos sobre o dinheiro e o seu uso no cotidiano.

> Aprendemos uma importante lição de consumo consciente: cuidar do meio ambiente também é economizar!

> Descobrimos que há muitas profissões e que todos os trabalhos devem ser valorizados.

> Vimos a importância de poupar e depois comprar algo que queremos ou realizar um desejo.